Federico García Lorca

Llanto por Ignacio Sánchez Mejías

Edición de Jorge Cabezas Miranda

Barcelona 2026
Linkgua-ediciones.com

Créditos

Título original: Llanto por Ignacio Sánchez Mejías.

© 2026, Red ediciones S.L.

e-mail: info@linkgua.com

Diseño cubierta: Michel Mallard.

ISBN rústica ilustrada: 9788410762527.
ISBN ebook: 9788410762534.

Sumario

Brevísima presentación

El llanto
Llanto por Ignacio Sánchez Mejías pone en primer plano algo que a veces se olvida: no estamos ante un mero «poema taurino», sino ante una de las meditaciones más intensas del siglo XX sobre la muerte, la memoria y los límites del lenguaje. El texto, estructurado en cuatro secciones —«La cogida y la muerte», «La sangre derramada», «Cuerpo presente» y «Alma ausente»— avanza como un ritual, casi como una liturgia laica, que acompaña al lector desde el instante del accidente hasta la conciencia de una ausencia definitiva.

Lo primero que golpea es el tiempo: la famosa letanía «a las cinco de la tarde». No es solo una hora concreta; es un martillo rítmico que convierte el verso en reloj fúnebre. Lorca repite la frase hasta vaciarla de información y llenarla de destino: la hora del parte médico, de la cogida, del tránsito entre lo vivo y lo irreparable. Cada repetición ensancha el estruendo emocional del poema y, al mismo tiempo, le da una estructura casi musical, estaa elegía está escrita para ser recitada en voz alta más que simplemente leída.

A partir de ahí, el poema se abre en capas. En «La sangre derramada», Lorca abandona la precisión de la hora para entrar en un espacio casi onírico donde el yo lírico se niega una y otra vez a mirar: «¡Que no quiero verla!». Esta negativa no es cobardía sino conciencia: ver la sangre es aceptar que la muerte ya no es una metáfora, sino materia. La insistencia en no querer ver no evita nada; subraya la impotencia de la palabra frente al hecho físico del cuerpo herido. La aparición de imágenes como los «toros de Guisando» o la «vaca del viejo mundo» enlaza la muerte concreta de Ignacio con una historia larga, casi mítica, de violencia y memoria en la tradición hispánica.

En «Cuerpo presente», el tono cambia de registro. El poema se convierte en una especie de velatorio metafísico. La piedra, la lluvia, el cuerpo tendido: todo apunta a una materialidad que se resiste a ser convertida en símbolo. Lorca convoca «hombres de voz dura» para que se enfrenten a esa evidencia: el cadáver no es ya el torero héroe de la plaza, sino una pregunta sin respuesta sobre qué significa existir y dejar de estar. El verso «Duerme, vuela, reposa: ¡También se muere el mar!» condensa una intuición: incluso lo que percibimos como eterno está sujeto a la desaparición.

Finalmente, «Alma ausente» desplaza el foco hacia la memoria y el canto. Nadie lo reconocerá, dice el poema, nadie lo sabrá salvo la voz que canta. Lorca asume ahí su papel: no puede devolver la vida, pero puede evitar el olvido. La elegía se vuelve también autorretrato: al cantar a Ignacio, Lorca declara su poética. La mezcla de coloquialismo («No te conoce nadie. No.») con imágenes de una densidad simbólica extrema hace de esta sección una de las cumbres de su obra. El verso

> Tardará mucho tiempo en nacer, si es que nace,
> un andaluz tan claro...

no es solo un elogio, es también la intuición de una catástrofe histórica inminente.

Presentamos este poema como un libro autónomo, con una edición que distingue y ordena sus cuatro grandes movimientos internos, porque creemos que *Llanto por Ignacio Sánchez Mejías* no es solo una pieza suelta dentro de un volumen de «poesía completa», sino un artefacto dramático con unidad propia. Esta forma de presentarlo refuerza algo fundamental: el texto funciona casi como un pequeño libro de horas laicas, un itinerario emocional que va del golpe físico a la desaparición simbólica, y de ahí a la persistencia del canto.

La vida

Federico García Lorca (Fuente Vaqueros, 1898-asesinado en 1936, en los inicios de la Guerra Civil española) fue poeta, dramaturgo y una de las figuras centrales de la Generación del 27. Su obra combina la tradición popular, la experimentación vanguardista y una conciencia muy aguda de las tensiones sociales y culturales de su tiempo. Desde los romances gitanos hasta el teatro trágico, Lorca trabajó siempre con materiales altamente codificados —el folclore, el mito, la tauromaquia, la religiosidad— para desmontarlos desde dentro y volverlos contemporáneos.

Ignacio Sánchez Mejías (Sevilla, 1891-1934) fue mucho más que «un torero amigo del poeta». Fue torero, escritor, intelectual, mecenas cultural y figura clave en el entorno del 27: presidió el homenaje a Góngora en el Ateneo de Sevilla, se movía entre tertulias literarias y plazas de toros, y encarnaba un tipo de modernidad española donde la cultura popular y la alta cultura no eran enemigos. Su muerte, tras una cogida en Manzanares y una operación fallida, marcó profundamente a Lorca y a todo su círculo.

El vínculo entre ambos explica en parte la intensidad del *Llanto*. Lorca no escribe sobre «un torero», sino sobre un amigo que simboliza una forma de ser andaluz y moderno a la vez: valiente en la plaza, culto, inquieto, puente entre tradición y vanguardia. La elegía funciona entonces como un doble duelo: el de la persona concreta y el de un proyecto cultural que la violencia histórica terminaría destruyendo pocos años después con el propio asesinato de Lorca.

Leer hoy *Llanto por Ignacio Sánchez Mejías* es revisitar uno de los grandes poemas del siglo XX, y enfrentarse a una pregunta incómoda: ¿qué hacemos con nuestras muertes públicas, cómo las contamos, y qué queda de verdad cuando el polvo del mito se posa? Lorca no ofrece consuelo; ofrece lucidez poética. Y esa lucidez sigue siendo, casi un siglo después, incómodamente contemporánea.

Llanto por Ignacio Sánchez Mejías

Dedicatoria

A mi querida amiga
Encarnación López Júlvez

1. La cogida y la muerte

A las cinco de la tarde.
Eran las cinco en punto de la tarde.
Un niño trajo la blanca sábana
a las cinco de la tarde.
Una espuerta de cal ya prevenida
a las cinco de la tarde.
Lo demás era muerte y sólo muerte
a las cinco de la tarde.

El viento se llevó los algodones
a las cinco de la tarde.
Y el óxido sembró cristal y níquel
a las cinco de la tarde.
Ya luchan la paloma y el leopardo
a las cinco de la tarde.
Y un muslo con un asta desolada
a las cinco de la tarde.
Comenzaron los sones del bordón
a las cinco de la tarde.
Las campanas de arsénico y el humo
a las cinco de la tarde.
En las esquinas grupos de silencio
a las cinco de la tarde.
¡Y el toro solo corazón arriba!
a las cinco de la tarde.
Cuando el sudor de nieve fue llegando
a las cinco de la tarde,
cuando la plaza se cubrió de yodo
a las cinco de la tarde,
la muerte puso huevos en la herida

a las cinco de la tarde.
A *las cinco de la tarde.*
A *las cinco en punto de la tarde.*

Un ataúd con ruedas es la cama
a las cinco de la tarde.
Huesos y flautas suenan en su oído
a las cinco de la tarde.
El toro ya mugía por su frente
a las cinco de la tarde.
El cuarto se irisaba de agonía
a las cinco de la tarde.
A lo lejos ya viene la gangrena
a las cinco de la tarde.
Trompa de lirio por las verdes ingles
a las cinco de la tarde.
Las heridas quemaban como soles
a las cinco de la tarde,
y el gentío rompía las ventanas
a las cinco de la tarde.
A *las cinco de la tarde.*
¡Ay qué terribles cinco de la tarde!
¡Eran las cinco en todos los relojes!
¡Eran las cinco en sombra de la tarde!

2. La sangre derramada

¡Que no quiero verla!

Dile a la Luna que venga,
que no quiero ver la sangre
de Ignacio sobre la arena.

¡Que no quiero verla!

La Luna de par en par.
Caballo de nubes quietas,
y la plaza gris del sueño
con sauces en las barreras.

¡Que no quiero verla!
Que mi recuerdo se quema.
¡Avisad a los jazmines
con su blancura pequeña!

¡Que no quiero verla!

La vaca del viejo mundo
pasaba su triste lengua
sobre un hocico de sangres
derramadas en la arena,
y los toros de Guisando,
casi muerte y casi piedra,
mugieron como dos siglos
hartos de pisar la tierra.
No.
¡Que no quiero verla!

Por las gradas sube Ignacio
con toda su muerte a cuestas.
Buscaba el amanecer,
y el amanecer no era.
Busca su perfil seguro,
y el sueño lo desorienta.
Buscaba su hermoso cuerpo
y encontró su sangre abierta.
¡No me digáis que la vea!
No quiero sentir el chorro
cada vez con menos fuerza;
ese chorro que ilumina
los tendidos y se vuelca
sobre la pana y el cuero
de muchedumbre sedienta.
¡Quién me grita que me asome!
¡No me digáis que la vea!

No se cerraron sus ojos
cuando vio los cuernos cerca,
pero las madres terribles
levantaron la cabeza.
Y a través de las ganaderías,
hubo un aire de voces secretas
que gritaban a toros celestes,
mayorales de pálida niebla.
No hubo príncipe en Sevilla
que comparársele pueda,
ni espada como su espada
ni corazón tan de veras.
Como un río de leones

su maravillosa fuerza,
y como un torso de mármol
su dibujada prudencia.
Aire de Roma andaluza
le doraba la cabeza
donde su risa era un nardo
de sal y de inteligencia.
¡Qué gran torero en la plaza!
¡Qué gran serrano en la sierra!
¡Qué blando con las espigas!
¡Qué duro con las espuelas!
¡Qué tierno con el rocío!
¡Qué deslumbrante en la feria!
¡Qué tremendo con las últimas
banderillas de tiniebla!

Pero ya duerme sin fin.
Ya los musgos y la hierba
abren con dedos seguros
la flor de su calavera.
Y su sangre ya viene cantando:
cantando por marismas y praderas,
resbalando por cuernos ateridos,
vacilando sin alma por la niebla,
tropezando con miles de pezuñas
como una larga, oscura, triste lengua,
para formar un charco de agonía
junto al Guadalquivir de las estrellas.
¡Oh blanco muro de España!
¡Oh negro toro de pena!
¡Oh sangre dura de Ignacio!
¡Oh ruiseñor de sus venas!

No.
¡Que no quiero verla!
Que no hay cáliz que la contenga,
que no hay golondrinas que se la beban,
no hay escarcha de luz que la enfríe,
no hay canto ni diluvio de azucenas,
no hay cristal que la cubra de plata.
No.
¡¡Yo no quiero verla!!

3. Cuerpo presente

La piedra es una frente donde los sueños gimen
sin tener agua curva ni cipreses helados.
La piedra es una espalda para llevar al tiempo
con árboles de lágrimas y cintas y planetas.

Yo he visto lluvias grises correr hacia las olas
levantando sus tiernos brazos acribillados,
para no ser cazadas por la piedra tendida
que desata sus miembros sin empapar la sangre.

Porque la piedra coge simientes y nublados,
esqueletos de alondras y lobos de penumbra;
pero no da sonidos, ni cristales, ni fuego,
sino plazas y plazas y otras plazas sin muros.

Ya está sobre la piedra Ignacio el bien nacido.
Ya se acabó; ¿qué pasa? Contemplad su figura:
la muerte le ha cubierto de pálidos azufres
y le ha puesto cabeza de oscuro minotauro.

Ya se acabó. La lluvia penetra por su boca.
El aire como loco deja su pecho hundido,
y el Amor, empapado con lágrimas de nieve,
se calienta en la cumbre de las ganaderías.

¿Qué dicen? Un silencio con hedores reposa.
Estamos con un cuerpo presente que se esfuma,
con una forma clara que tuvo ruiseñores
y la vemos llenarse de agujeros sin fondo.

¿Quién arruga el sudario? ¡No es verdad lo que
dice!
Aquí no canta nadie, ni llora en el rincón,
ni pica las espuelas, ni espanta la serpiente:
aquí no quiero más que los ojos redondos
para ver ese cuerpo sin posible descanso.

Yo quiero ver aquí los hombres de voz dura.
Los que doman caballos y dominan los ríos:
los hombres que les suena el esqueleto y cantan
con una boca llena de Sol y pedernales.

Aquí quiero yo verlos. Delante de la piedra.
Delante de este cuerpo con las riendas quebradas.
Yo quiero que me enseñen dónde está la salida
para este capitán atado por la muerte.

Yo quiero que me enseñen un llanto como un río
que tenga dulces nieblas y profundas orillas,
para llevar el cuerpo de Ignacio y que se pierda
sin escuchar el doble resuello de los toros.

Que se pierda en la plaza redonda de la Luna
que finge cuando niña doliente res inmóvil;
que se pierda en la noche sin canto de los peces
y en la maleza blanca del humo congelado.

No quiero que le tapen la cara con pañuelos
para que se acostumbre con la muerte que lleva.
Vete, Ignacio: No sientas el caliente bramido.
Duerme, vuela, reposa: ¡También se muere el mar!

4. Alma ausente

No te conoce el toro ni la higuera,
ni caballos ni hormigas de tu casa.
No te conoce el niño ni la tarde
porque te has muerto para siempre.

No te conoce el lomo de la piedra,
ni el raso negro donde te destrozas.
No te conoce tu recuerdo mudo
porque te has muerto para siempre.

El otoño vendrá con caracolas,
uva de niebla y montes agrupados,
pero nadie querrá mirar tus ojos
porque te has muerto para siempre.

Porque te has muerto para siempre,
como todos los muertos de la Tierra,
como todos los muertos que se olvidan
en un montón de perros apagados.

No te conoce nadie. No. Pero yo te canto.
Yo canto para luego tu perfil y tu gracia.
La madurez insigne de tu conocimiento.
Tu apetencia de muerte y el gusto de su boca.
La tristeza que tuvo tu valiente alegría.

Tardará mucho tiempo en nacer, si es que nace,
un andaluz tan claro, tan rico de aventura.
Yo canto su elegancia con palabras que gimen
y recuerdo una brisa triste por los olivos.

Printed in Poland
by Amazon Fulfillment
Poland Sp. z o.o., Wrocław

69305508R00016